COME AFFRONTARE LA VITA REALE DOPO IL DIPLOMA O LA LAUREA

Consigli pratici per scegliere l'università
o un lavoro, come scrivere il curriculum
e la lettera di presentazione e come
affrontare il colloquio.

Esempi e consigli pratici per non sbatterci la faccia.
L'ho già fatto io per voi.

Caristia Giorgio

Un libro che si legge in un ora ma che può cambiare il resto della tua vita con consigli pratici su come affrontare la scelta tra lavoro e università, come prepararsi per sostenere un colloquio grazie agli esempi e ai consigli che ti darò, quale impostazione dare e cosa scrivere nel curriculum con tanti esempi pratici e utili trucchi e aiutarti davvero nel difficile momento in cui entrerai nella vita reale del dopo scuola.

La vita reale inizia solo dopo il diploma o la laurea. Almeno cosi mi ha detto la quasi totalità delle persone che conosco e frequento. La cosa spaventosa: nessuno ti prepara a questo impatto con la vita reale. Tutta teoria (a volte nemmeno quella) e pochissima pratica. In questo libro voglio spiegarti che non hai nulla da temere dalla vita che ti aspetta fuori e che potrai trarne molti vantaggi se ti prepari prima in modo adeguato.

La scelta più difficile è forse quella tra università e lavoro. Molti sanno già cosa faranno dopo le superiori. Un po' perché hanno già le idee chiare. Un po' perché "costretti" o guidati dai parenti o dalla scelta dell'indirizzo scolastico. Se, per esempio, hai frequentato il liceo scientifico o il liceo classico, quasi certamente dovrai frequentare anche un corso universitario perché non ti è stata fornita alcuna, o quasi, preparazione pratica al mondo del lavoro. Al contrario, se hai frequentato un istituto tecnico o professionale, potrai anche saltare il lungo, ma spesso divertente ed interessante, passaggio attraverso il mondo dell'università per cercare di inserirti subito nel mondo del lavoro. In pratica il mondo moderno ti obbliga a scegliere "cosa farai da grande" alla tenera età di 13 anni quando andrai ai saloni di orientamento per scegliere la scuola superiore che frequenterai. Questo segnerà in modo piuttosto profondo il tuo cammino futuro. Anche se non sempre è cosi. Per me non lo è stato e potrebbe non essere un problema nemmeno per te. Cercherò di dimostrartelo se investirai un'ora della tua vita leggendo questo libro.

Oggi sono un imprenditore e ho 34 anni. Ne ho sempre dimostrati 30 da quando ne avevo 14 e al momento ne dimostro già 40. Mi sono diplomato in chimica nel miglior istituto tecnico di Genova anche se l'unica cosa che mi interessava era la scuola stessa e di certo non lo studio visto che passavo le mie 6 ore di lezione giornaliere in giro per i corridoi o dal preside o in riunione con gli altri rappresentanti (sono stato rappresentante di istituto per due anni e rappresentante di classe per 6 anni...si, mi hanno bocciato in terza superiore). Ho frequentato un anno del corso di laurea in tecniche erboristiche quando avevo 19 anni. Due anni del corso di laurea in biologia quando avevo ormai 26 anni perché prima volevo guadagnare un po' di soldi. Poi mi sono spostato nel campo dell'informatica e ora ho una software house con due soci e diversi collaboratori. Ti assicuro che il mio percorso scolastico non ha minimamente influito sulle mie scelte lavorative ma ho comunque faticato molto di più per poterlo fare di chi ha deciso di prendere una laurea in informatica (ma io sono arrivato con tre anni di anticipo che non ho speso in università). In più, per le questioni tecniche, essendo il mio livello troppo basso perché sono autodidatta, mi affido completamente ai miei soci e al mio staff. Tutte le scelte hanno conseguenze, più o meno complesse e più o meno positive o negative. E imparare a fidarsi e delegare non è facile ma per un imprenditore è fondamentale. Non si può fare tutto e non si può pretendere di sapere tutto quindi ad ognuno il suo lavoro.

Concluse le dovute presentazioni, passiamo al vero motivo che ti ha spinto a leggere questo libro: riflessioni, consigli, esempi e trucchi che ti aiuteranno nella vita reale. In pratica, tutto quello che a scuola non ti hanno mai spiegato ma che tu dovrai conoscere per forza. Meglio imparare dagli errori degli altri piuttosto che dai propri. Gli errori e la conseguente esperienza, li ho già fatti io per te. Tu devi solo godere dei risultati e sfruttare al massimo quello che stai per leggere.

1. SE FAI CIÒ CHE TI PIACE, NON LAVORERAI UN GIORNO IN VITA TUA.

Che tu scelga la vita universitaria o quella lavorativa, il consiglio più importante che posso darti è proprio il primo della lista: scegli di fare qualcosa che ti appassioni.

Ho scelto un'università che non mi avrebbe dato molti sbocchi nel mondo del lavoro. Ho frequentato tecniche erboristiche. Probabilmente la maggior parte delle persone che leggerà questo libro, non conosceva nemmeno l'esistenza di un corso di laurea di questo genere.
Ma ho frequentato con piacere. Ho anche superato qualche esame. Ho conosciuto una quantità esagerata di persone e modi di pensare differenti. In buona sostanza, è stata un'ottima scelta e una fantastica esperienza.

Purtroppo, economicamente parlando, non tutti possono permettersi di studiare ciò che gli piace. Troppo spesso il corso universitario viene scelto in base alle possibilità lavorative che si pensa si possano avere in seguito. Non è sbagliato. Ma ho visto con i miei occhi la fatica di alcuni per arrivare in fondo al corso di laurea perché sostanzialmente non erano interessati a ciò che stavano vedendo, ascoltando e imparando.

Da qui la spiegazione del primo consiglio applicata al mondo universitario: scegli un corso che davvero sia di tuo interesse e, sia i corsi che gli esami, ti sembreranno più interessanti della timeline di Facebook.

Non ho scelto un lavoro a caso. In realtà è stato il lavoro a scegliere me. Sembra una frase senza senso, lo so. Ma il mio hobby era, ed è tutt'oggi, il mondo del web. Oggi, ho un'azienda che si occupa proprio di web. Quindi per me il lunedi mattina non è una tragedia greca andare a lavorare, anzi! Ci sono settimane in cui il sabato e domenica mi infastidiscono perché vorrei finire un progetto ma non posso perché il cliente non c'è o uno dei miei tecnici è, giustamente, a riposo.

Anche in questo caso, scegli un lavoro che ti appassioni. Un lavoro che fai con piacere non è un lavoro ma si trasforma in un "serio divertimento". E in più ti pagano per farlo! Non è fantastico? E da qui partono le solite scuse: "ma il lavoro non c'è quindi mi accontento del primo che trovo", "è già tanto se trovo un lavoro, figuriamoci se posso sceglierlo", "in Italia c'è la crisi", "i giovani senza esperienza non li assume nessuno".
Intanto io non ti ho detto di scartare a priori un lavoro. Anzi, prendi subito l'occasione e inizia a lavorare per accumulare esperienza anche facendo un lavoro che non ti è proprio congeniale. Ma nel frattempo cerca di migliorare la tua posizione. Manda il tuo curriculum ovunque ci sia una posizione lavorativa che ti interessa ricoprire e fai davvero del tuo meglio per ottenerla.
Ci sono persone che "cercano lavoro" mandando un curriculum la settimana. Quello non può considerarsi "cercare lavoro" ma solo voler perdere tempo. Uno dei miei primi lavori l'ho trovato in 6 giorni. Ho inviato circa 80 curricula e portato a mano altri 10 curricula nelle aziende di mio interesse anche se non stavano cercando personale. 6 giorni per trovare lavoro a 26 anni con pochissima esperienza nel mondo dell'informatica. Ed esistono persone che rimangono anni senza un lavoro. Non me lo spiego. O forse si…

Se poi non riesci a farti assumere in un'azienda che ti piaccia, puoi sempre aprirne una tua. E non lasciarti spaventare dall'apertura della partita iva. Ormai, al giorno d'oggi, aprire una partita iva è gratuito e se non guadagni non paghi tasse. Ma soprattutto, prima informati presso la camera di commercio o da un commercialista qualificato e non dallo zio del fratello di tua mamma che ha avuto un'azienda 20 anni fa. Le cose sono molto cambiate fortunatamente.

Avere una partita iva al giorno d'oggi significa poter guadagnare di più lavorando in tutto il mondo e pagando le stesse tasse di un dipendente ma con due differenze sostanziali: 1. Nessuno ti paga le ferie o la malattia quindi devi cercare di guadagnare il più possibile per non avere problemi nei periodi di inattività (che se ti organizzi bene, non si presenteranno nemmeno); 2. Non hai nessun capo e quindi devi essere in grado di autogestirti ed e' una cosa che per molti risulta difficile. Non avendo qualcuno che ti obbliga ad alzarti al mattino, rischi di procrastinare impegni e doveri perché "intanto puoi occupartene più tardi". Per il resto, hai la stessa sicurezza di un lavoro a tempo indeterminato perché ormai licenziare qualcuno è diventato semplicissimo, hai gli stessi doveri verso i tuoi clienti, hai le stesse possibilità di carriera (da freelance solitario come ero io, puoi diventare proprietario di una o più aziende come sono io adesso) e gli stessi diritti e doveri di un qualsiasi altro lavoratore.

2.INVENTATI UN LAVORO. ANZI NO. ESISTONO GIÀ QUASI TUTTI. SFRUTTANE UNO CHE TI PIACCIA DAVVERO.

Perché aspettare di trovare il lavoro giusto, quando puoi "sfruttarne" uno di quelli che già esistono?

Hai la passione per la fotografia? Diventa un fotografo freelance.

Ti piace la moda? Diventa influencer su Instagram o un personal shopper. Ti piacciono i videogiochi? Crea il tuo canale Youtube (PewDiePie, uno degli Youtuber piu famosi del mondo, nel 2017 ha guadagnato 14 milioni di dollari solo grazie ai suoi video sui videogiochi). Hai la passione per il web? Diventa un programmatore. Apro una piccola parentesi sui programmatori: in Italia e nel mondo non ne esistono mai abbastanza. Ad ogni ricerca di un nuovo candidato facciamo sempre più fatica a trovare qualcuno con le competenze e voglia necessarie. A volte ci vogliono 6 mesi per trovare qualcuno adeguato al ruolo. Quindi se cerchi un lavoro sicuro, il programmatore è il primo della lista. Sempre che l'informatica sia la tua passione. Ora lasciamo un attimo da parte gli altri esempi e prendiamo e analizziamo un attimo la passione per la fotografia e per la moda prima di proseguire in questo "strano" capitolo.

Sai che una foto di un animale raro o in via di estinzione può essere venduta ad un blog o una rivista di settore anche per 10 mila euro e più? Il problema è che, probabilmente, se per esempio vuoi fotografare una specie di rana in via di estinzione in Amazonia, dovrai stare con il fango fino alle spalle per una settimana prima di riuscire a trovarla e fotografarla. E dovrai studiare fotografia per riuscire a fargli una foto incredibile al primo colpo e un po' di biologia per capire dove appostarti per riuscire a trovarla nel suo ambiente naturale.

Ma anche un esempio più classico può essere utile: sai che per un matrimonio, un fotografo costa dai 1000 euro fino ad arrivare a 10 mila euro e più? E il tuo impegno lavorativo attivo è di un giorno solo! Poi sicuramente avrai una settimana di post produzione come minimo. Ma se anche fossi all'inizio e guadagnassi "solo" 1000 euro per 8 giorni di lavoro facendo un mestiere che ti piace, non sarebbe grandioso? Ma anche in questo caso devi studiare fotografia, stare in piedi per circa 6/8 ore di media per seguire l'intero matrimonio e saper utilizzare la Suite Adobe o programmi simili per la post produzione.

Per non parlare degli influencer di Instagram. Qualche giorno fa ho letto la classifica degli influencer più pagati. La numero uno della lista e' una delle sorelle Kardashian che viene pagata 1 milione e 200 mila dollari per inserire una sola foto con un prodotto sponsorizzato in mano. E' assurdo! Ma sicuramente ho preso un esempio un po' estremo. Parlando di personaggi pressochè sconosciuti, si possono guadagnare cifre che partono dai 100 euro per un post sponsorizzato fino a 10 mila euro a seconda del numero di seguaci che si hanno. Ma poniamo il caso che tu guadagni "solo" 100 euro per un post sponsorizzato. Ti sembra poco per pubblicare una sola e unica foto sul tuo account? Senza considerare che solitamente gli influencer, anche quelli alle prime armi, ricevono una quantità di prodotti (per il benessere, vestiti, orologi, occhiali e molto altro) in modo totalmente gratuito solo per pubblicare foto mentre li utilizzano.

E il personal shopper? Non è esattamente la professione più conosciuta in Italia ma sta prendendo sempre più piede. In pratica sei pagata per fare shopping per qualcun altro che non ha tempo! E sei anche pagata piuttosto bene. 80 Euro l'ora è il minimo che io abbia sentito come compenso per un personal shopper ma si puo' arrivare anche a guadagnare sulla percentuale del valore dello shopping effettuato. E immagina di dover comprare un Rolex per un uomo d'affari in vacanza o un vestito di Moschino per una signora che ha ricevuto un invito all'ultimo minuto. Certo, devi avere gusto e crearti un po' di collaborazioni con hotel di un certo tipo o avere un sito web ben in vista per trovare i clienti giusti disposti a spendere queste cifre. Ma con un po' di impegno e tanta passione si puo' davvero arrivare dove si vuole.

Una precisazione importante: svolgere un lavoro che piace o inventarsi un lavoro da zero, non significa non doversi preparare, studiare o impegnarsi al massimo. Anzi, spesso ci vuole molto più impegno per farsi un nome in un nuovo settore piuttosto che sedersi ad una scrivania dopo aver sostenuto un colloquio. Ma la soddisfazione è tanta. I soldi, come già visto, possono essere davvero tanti. Ma soprattutto, te lo ripeto, se fai un lavoro che ti piace e ti appassiona, sarà come non lavorare un giorno nella tua vita. Sarai comunque stanco alla sera ma sicuramente soddisfatto e pronto a rimetterti in gioco il giorno dopo.

3.I CONSIGLI DELLA FAMIGLIA, DEGLI AMICI E DELLA MOGLIE O IL MARITO, SONO SOLO CONSIGLI

La famiglia è importantissima. Mamma e papà sono forse la cosa più importante che abbiamo. E lo sono anche gli amici. Spesso sono la famiglia che ci siamo scelti invece di quella che ci è stata imposta per natura. Entrambe le famiglie cercheranno sempre di fare il nostro bene e ci consiglieranno di conseguenza. Ma questo non vuol dire che abbiano minimamente ragione o che tu debba sentirti in obbligo ad accettare il consiglio. Ascoltarlo, valutarlo, prenderne atto, ma non per forza metterlo in pratica.

Partendo da un esempio già fatto in precedenza: lo zio del fratello di tua mamma probabilmente non è la persona più qualificata per spiegarti come e se aprire un'attività in proprio a meno che non sia un commercialista ben informato. Eppure potrebbe dirti che è dispendioso aprire una partita iva, quando in realtà non lo è affatto, pensando di fare il tuo bene. Perché in Italia c'è ancora molto la cultura del posto fisso e la paura dell'ignoto portata dall'ignoranza su cosa sia effettivamente aprire una propria attività.

E questo è solo uno dei mille esempi di "consigli familiari" che potrebbe capitarti di ascoltare.

"Non cambiare nazione, si sta bene qui. Qui hai la famiglia gli amici, la casa". Ma se in Inghilterra, per esempio, si sa che un bar manager guadagna quanto un direttore di banca italiano e tu vuoi fare nuove esperienze e magari imparare bene l'inglese (cosa che, per inciso, consiglio fortemente a chiunque), perché dovresti rimanere qui? I voli per Londra ormai costano pochi euro e sono frequentissimi da/per moltissimi aeroporti. Ci vuole meno ad andare a Londra in aereo che in macchina da Genova a Milano. Quindi ogni volta che vorrai potrai tornare da amici, parenti, casa e animali senza doverti sentire costretta a rimanere in Italia.

Mia cognata è partita 3 anni fa per l'Australia. Si è innamorata del posto, della gente e del modo di vivere ed è rimasta li. Ogni volta che puo' (i biglietti per l'Australia costano un po' di più di quelli per Londra) torna in Italia per stare un po' con la famiglia e gli amici ma ci si sente quasi tutti i giorni su Skype. Con tutta questa tecnologia è come se non fosse mai andata via. Ai tempi di mia nonna (93 anni), il mondo era il quartiere. Al giorno d'oggi il quartiere è diventato il mondo intero.

Le fidanzate/fidanzati, mogli e mariti sono la nostra terza famiglia. Anche in questo caso, spesso, i consigli non richiesti si sprecano. Ma come già detto in precedenza, lo fanno solo per il vostro bene. O almeno pensano di farlo. Io per primo, a volte, mi faccio trascinare. La mia fidanzata è laureata in biologia e ha un dottorato in genetica. Spesso le faccio un po' di pressing per andare via dall'Italia perché qui i ricercatori sono trattati da schifo e, per esempio, in Inghilterra sono trattati molto molto meglio. Ma magari, anche se il mio "consiglio non richiesto" è dato con tutte le più buone intenzioni, per lei potrebbe non essere la scelta migliore.

Personalmente sono stato molto fortunato. Sono cresciuto in una famiglia super positiva con due genitori fantastici e iperattivi, molto propositivi e, soprattutto, molto pazienti. Da piccolo e poi un po' più da grande non credo di essere stato un figlio semplice da gestire. Non li ringrazierò mai abbastanza per avermi insegnato da subito l'indipendenza personale, l'importanza di rispettare se stessi e gli altri e per avermi dato amore e appoggio incondizionato per tutti i miei 34 anni di vita. Questo mi ha dato la possibilità e le basi per decidere da solo cosa volessi "diventare da grande". Purtroppo per me sono diventato una persona cosi ambiziosa che probabilmente non raggiungerò mai la serenità tanto cercata. Ma con il mio impegno e l'affetto delle persone che mi circondano, imparerò a fare anche quello e, forse, ascolterò anche qualcuno dei loro consigli.

4. CERCARE LAVORO IN MODO INTELLIGENTE E IL PIÙ VELOCEMENTE POSSIBILE

L'esperienza, nel mondo del lavoro, è il 51% di ciò che tu puoi offrire. E' davvero molto importante fare piu' esperienze possibili. Non per forza nello stesso settore. Prendi tutto quello che ti viene offerto, impara, guadagna qualcosina e intanto cerca qualcosa di meglio. Sempre. Anche quando pensi di aver trovato il lavoro dei tuoi sogni può esserci un'opportunità migliore da qualche altra parte. Non avere paura di cambiare. Soprattutto quando sei molto giovane, 18/25 anni, hai sempre tempo per trovare e fare altro senza incorrere in conseguenze di alcun genere. Prendi l'esperienza accumulata e mettila da parte (inseriscila nel curriculum) e che sia stata positiva o negativa non ha importanza.

Da quando ho iniziato a fare l'imprenditore ho esaminato, credo, piu' di 200 curricula (strumento fondamentale per chi comincia la sua vita reale, ma ne parleremo in seguito). Se non trovo almeno una esperienza lavorativa maturata magari durante uno stage scolastico, come faccio a sapere se sai stare in mezzo alla gente o se entrerai in ufficio il secondo giorno con un fucile in mano perché sei già super-stressato dal lavoro e con una crisi di nervi in atto? Ovviamente sto esagerando, ma spero di aver fatto capire il punto.

Ogni lavoro offre abilità importanti da inserire in curriculum.

Il barista o la commessa insegnano a stare a contatto con il pubblico, aumentano il livello di pazienza e cortesia perché ogni cliente è diverso dall'altro e non tutti sono sempre gentili ed entrambi i lavori migliorano l'uso della lingua italiana.

L'esperienza come meccanico puo' essere utile per aumentare le tue abilità di pulizia e ordine perché devi ricordarti dove va ogni pezzo della macchina che hai appena smontato, aumenta la pazienza perche' non sempre si trova il guasto al primo colpo e ti consente di avere un po' di rapporto con il pubblico.

I venditori porta a porta, per quanto siano odiati dal mondo intero perché vengono a romperti le scatole sempre nel momento sbagliato, sviluppano una fortissima capacità al rifiuto (ti vedrai sbattere porte in faccia ogni giorno più volte al giorno), sviluppano pazienza illimitata, capacità di relazionarsi con qualsiasi tipo di pubblico e migliorano nell'utilizzo della lingua italiana.

Sono solo esempi. Ma voglio farti capire che non esiste un'esperienza meno utile o importante di un'altra, soprattutto se devi inserirla in un curriculum.

Anche le esperienze scolastiche sono importanti. Ormai ho tolto dal mio curriculum l'esperienza come rappresentante di istituto da almeno 10 anni. Ma all'inizio mi è stata molto utile perché faceva capire a chi esaminava il mio curriculum la mia capacità organizzativa, l'impegno sociale e il saper parlare senza problemi davanti a 500 ragazzi scalmanati come davanti al consiglio d'istituto formato da professori, genitori e studenti.

Attenzione: cambiare lavoro troppo spesso (esperienze inferiori ad un anno), può anche influire negativamente su chi esamina il tuo curriculum. Quando leggo il tuo curriculum non ti conosco. Non posso sapere se è stata una tua scelta cambiare spesso lavoro o se sei stato licenziato da ovunque tu abbia lavorato in meno di 3 mesi (per esempio) perché sei un incapace o un sociopatico. E' vero che puoi spiegarmelo tu in sede di colloquio. Ma prima devi arrivarci a sederti di fronte a me e la seconda cosa che vedo di te è il curriculum. La prima è la lettera di presentazione, ma ne parleremo tra poco.

5. LA LETTERA DI PRESENTAZIONE. LA CHIAVE CHE MI FARÀ DECIDERE SE LEGGERE IL TUO CURRICULUM O SCARTARLO A PRIORI.

La lettera di presentazione, spesso, non viene inviata insieme al curriculum quando ci si candida spontaneamente o per un posizione aperta. Credo che sia un grave errore soprattutto se stai inviando la tua candidatura in una grande azienda e c'è un addetto al personale con molta esperienza.

Può sembrare riduttivo, ma l'unico scopo della lettera di presentazione è quello di portare la persona che la riceve ad aprire e leggere con più attenzione possibile il tuo curriculum. Quindi deve incuriosire. Se possibile stupire chi la sta leggendo. Fargli capire in due o tre righe perché sei effettivamente la persona perfetta per quel lavoro. E glielo dimostrerai con un curriculum perfetto come ti spiegherò più avanti.

Educazione, zero errori grammaticali o refusi, pragmatismo e fluidità, sono tutto ciò che deve comporre la lettera di presentazione. Il tutto si traduce in un saluto formale, una rapida presentazione personale con la vostra caratteristica più importante per il lavoro che andrete a svolgere, un'esperienza simile passata, se l'avete, e un controllo ortografico ripetuto cento volte per evitare errori di qualsiasi genere. Niente elenchi. Niente "persona dinamica con tanta voglia di imparare" a meno che non vi stiate candidando per un tirocinio non remunerato. Niente "purtroppo non ho ancora avuto esperienze nel mondo del lavoro" perché non mi interessa cosa non hai, ma cosa hai da offrire. Potrebbe essere un enorme bonus conoscere effettivamente qualcosa dell'azienda: "sono stato alla presentazione del vostro nuovo prodotto il mese scorso e sono rimasto affascinato dal vostro modo di proporlo al pubblico e per questo ho deciso di scrivervi".

Lo ripeto: la lettera di presentazione è obbligatoria soprattutto se vi candidate in una grande azienda ed è la chiave per far arrivare il vostro curriculum sul tavolo dell'esaminatore.

6.IL CURRICULUM VITAE. TUTTO QUELLO CHE C'E' DA SAPERE... AL MASSIMO IN DUE FOGLI.

Mi auguro che tu sappia chi è Elon Musk. Inventore di PayPal, Tesla Motors, SpaceX, Zip2 e molto altro. Se non conosci nessuna di queste aziende, Wikipedia l'hanno inventata apposta. Il curriculum dell'incredibile prodigio Elon Musk è tutto in una pagina. Una. Non due. Una sola. Ed è assolutamente completo al 100%, non manca nulla. Micro presentazione di intenti di 4 righe, contatti, foto, esperienze pregresse (solo le più clamorose e importanti), scuole frequentate, le skills secondo lui più rilevanti, premi vinti e certificati ottenuti, lingue parlate e gli interessi personali. C'è tutto ciò che serve.

Giorgio Caristia

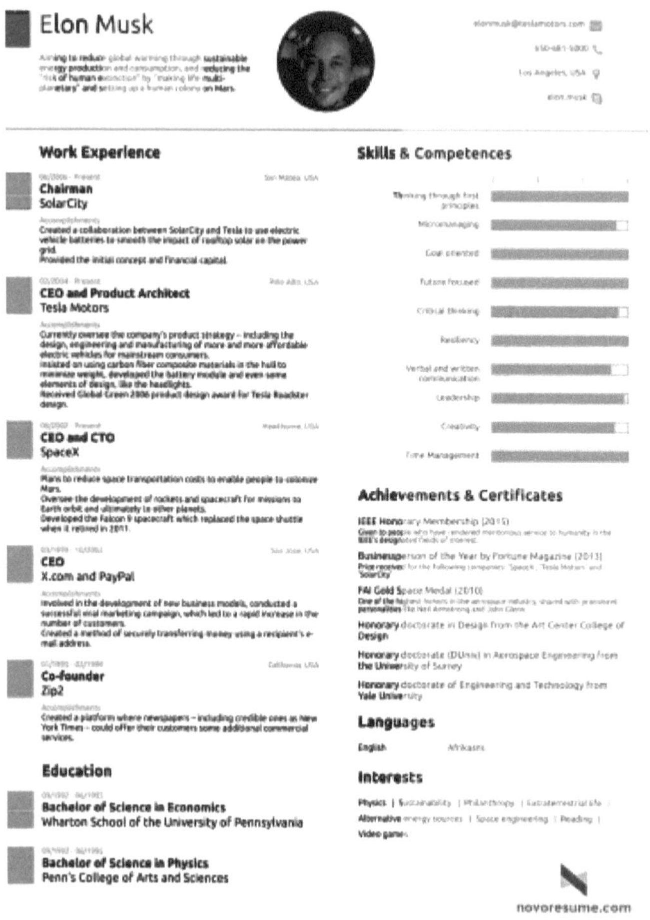

Se una persona incredibile come lui, con tutta l'esperienza che ha fatto, con tutte le aziende che ha creato, con tutta la tecnologia che ha inventato e finanziato, ha un curriculum da una sola pagina, perché il tuo dovrebbe essere di due? Chi sei in confronto al Signor Musk?

Pochissimi curricula hanno il diritto di richiedere più di una pagina: gli informatici o i designer per esempio, se hanno molte skills tecniche e vogliono elencarle tutte, sono liberi di farlo per presentare una panoramica completa delle proprie competenze. Ma anche in questo caso, solo se si stanno candidando spontaneamente e non se si candidano per una posizione specifica. Se sto cercando uno sviluppatore backend, perché mi parli di CSS che fa parte della grafica?

Un curriculum deve essere semplice. Comprensibile. Possibilmente con dei grafici in modo che l'esaminatore non debba nemmeno sforzarsi e perdere tempo a leggere. O se non servono grafici, almeno che siano informazioni molto schematiche che non facciano perdere tempo a capire come si deve leggere e interpretare quel curriculum.

Poi esistono le eccezioni come in tutte le cose: i creativi. Se per esempio ti stai candidando come grafico pubblicitario, probabilmente il tuo curriculum farà molto più colpo se colorato con palette non fastidiose per gli occhi ma che mettano il risalto il tuo lato creativo (e nel frattempo dimostri di sapere abbinare i colori e di riuscire a presentare qualcosa di molto serio come un curriculum in modo creativo e leggero). I fotografi sono un'altra eccezione come tutti coloro che devono presentare un portfolio. In quel caso, oltre ad un curriculum un po' "fuori dagli schemi" puoi sbizzarrirti inserendo i tuoi migliori lavori. Non devi pubblicare un libro ma sicuramente non ti sarà richiesto di rimanere nel limite delle due pagine di curriculum.

Aiuta molto anche un curriculum online. Che sia un sito web fatto voi (fa molto colpo se vi state candidando in una web agency o un'agenzia di comunicazione) o "solo" un'ordinatissima e completissima pagina di LinkedIn. Sempre per i grafici/designer e i fotografi, avere un portfolio online magari su siti autorevoli come Behance o 500px aiuta molto ed è molto comodo.

Ma esaminiamo più da vicino ogni parte del curriculum prendendo proprio esempio dai punti trattati all'interno di quello di Elon Musk.

-La micro presentazione. In quattro righe, che probabilmente con un carattere normale si trasformano in una sola riga, è riuscito a spiegare cosa fa, cosa vuole e perché dovresti leggere il suo curriculum. In realtà è ciò che ci si aspetta di trovare in una lettera di presentazione, ma in mancanza della lettera, va davvero molto bene cosi. E' una sorta di dichiarazione di intenti supportata, in questo caso, da esperienze e aziende già in essere.

-La foto. Non ci conosciamo. Probabilmente tu mi hai stalkerato online per capire chi ti troverai davanti al colloquio ma io non ho questa possibilità (legalmente parlando). Se sorridi, se sei serio, se hai gli occhiali, se curi l'aspetto. Sono tante micro informazioni preliminari utili per chi deve decidere se contattarti o meno.

-I contatti. Spesso occupano la parte centrale dei curricula e sono la cosa meno importante in assoluto perché non mi dicono nulla di te. Quindi concedergli solo un piccolo spazietto è più che sufficiente. Se vorrò contattarti saprò come farlo.

-Esperienze pregresse. Qui ci sarebbe da scrivere un capitolo a parte. Come già detto, tutte le esperienze sono importanti. Ma bisogna saper scegliere bene quelle che potrebbero essere più utili al raggiungimento del nostro scopo. Se ti stai candidando come commessa, lavoro dove si ha tanto rapporto con il pubblico, potrebbe essere poco utile far sapere che hai lavorato in estate come postina visto che non prevede alcun rapporto con il pubblico. Ma se è la tua unica esperienza, non farti problemi e inseriscila nel tuo curriculum. Come detto, tutte le esperienze sono importanti e farai almeno capire a chi legge che sei stata pronta a sacrificare la tua pausa estiva per fare una nuova esperienza lavorativa.

-Le skills (o abilità). Ne esistono di due tipologie: hard e soft skills. Le soft skills sono più complicate e, a volte, più importanti delle hard skills quindi ho deciso di dedicargli un capitolo a parte. Solo per farti capire di cosa stiamo parlando, le soft skills rappresentano i tuoi tratti caratteriali, di comportamento e di adattamento sul posto di lavoro mentre le hard skills sono le competenze acquisite nel tempo e che potrai sfruttare rendendoti utile sul posto di lavoro. Per farti un esempio di hard e soft skills, prendiamo un ragazzo che voglia fare il programmatore. All'interno delle hard skills dovrà inserire tutti i linguaggi di programmazione e i software che è già in grado di utilizzare e con quale livello di partenza si sta presentando. Nella sezione delle soft skills dovrà invece indicare la sua propensione al lavoro di gruppo, se e' estroverso o introverso e se è in grado di autogestirsi o addirittura di gestire un gruppo di lavoro.

-Scuole frequentate. Se hai appena finito le superiori, riporta esclusivamente il nome della scuola e il voto finale del diploma. Non serve altro. Se ti sei appena laureato, riporta sia il diploma che la laurea con i voti finali e se hai conseguito master, specializzazioni o dottorati.

-Premi vinti e certificati. I premi vinti fanno sempre un certo effetto, soprattutto se sono prestigiosi. Vincere un Awwwards se ti stai candidando come graphic designer potrebbe farti avere il lavoro anche senza avere altre esperienze o credenziali. Credo sia scontato ma lo scrivo ugualmente: il premio vinto per il torneo di tiro con l'arco durante il campo estivo, non è da inserire all'interno del curriculum per ovvie ragioni. Forse una medaglia olimpica potrebbe essere già qualcosa di un pochino più interessante...
Per quanto riguarda i certificati, tutti possono essere utili come no. Un PET o un FIRST possono farmi capire che hai le basi di inglese apprese durante delle lezioni, ma non mi diranno mai se sai effettivamente parlare in inglese con un mio cliente americano. Ma nel dubbio, inseriteli tutti. Anche il corso di primo soccorso che vi hanno obbligato a fare prima di darvi il brevetto da bagnino.

-Lingue parlate. Beh, non credo ci sia molto da spiegare. Ti do solo un consiglio personale: non imbrogliare. Durante alcuni colloqui, quando ho visto dei livelli un po' troppo alti di inglese parlato e scritto, ho fatto compilare un questionario in inglese tecnico al candidato. Ad alcuni è andata bene perché sapevano effettivamente il fatto loro. Altri sono andati via con la coda tra le gambe per la brutta figura fatta. La sincerità ripaga quasi sempre.

-Interessi personali. Non esagerare e tutto andrà per il meglio.

8/10 interessi personali possono far capire molte cose di te a chi ti sta esaminando. 20/30 interessi personali, possono solo far capire che il lavoro è all'ultimo posto nelle tue priorità giornaliere.

In generale, mentire su un curriculum è pratica comune. Posso dirti per esperienza personale che non premia quasi mai (vedi esempio riportato prima sul livello di inglese). E' piuttosto inutile che tu scriva sul curriculum che sai utilizzare Excel (magari ti stai candidando come segretaria in uno studio dentistico) se poi ti chiedo di creare una macro e non sai cos'è o non sei in grado di creare un grafico con i dati che ti fornisco. Sono competenze di base per chi sa effettivamente utilizzare Excel. E purtroppo per te è semplicissimo scoprire l'inganno. A volte basta una domanda durante il colloquio. Altre volte basta il mese di prova per rendersi conto che il 50% di ciò che hai inserito tra le tue competenze serviva solo per sprecare un po' di toner della stampante. Non credere che superato il colloquio sia tutto concluso. Il "vero colloquio" dura almeno un mese di prova. Quindi se sei "espansivo" sul curriculum e in un mese non hai ancora rivolto la parola a nessuno in ufficio, forse mi rendo conto che hai scritto una bugia e posso mettere in dubbio qualunque altra cosa tu abbia scritto su quel foglio di carta.

7. LE SOFT SKILLS. TUTTO CIÒ CHE SEI E CHE NESSUNO POTRÀ MAI INSEGNARTI. MA SI PUÒ SEMPRE MIGLIORARE.

Questo capitolo non piacerà a tutti perché ti sbatte in faccia alcune dure verità. Se fino ad adesso abbiamo parlato di "cose" che potevano essere imparate, migliorate e/o modificate, ora parliamo delle uniche cose che ci contraddistinguono e che sono davvero difficili da modificare anche in anni di pratica. Quindi se non "sei portato" per fare qualcosa, purtroppo per te, il tuo cammino sarà davvero in salita (anche se potrai percorrerlo ugualmente).

Le soft skills sono le tue abilità caratteriali. Definiamole cosi per ora. In pratica rappresentano tutto ciò che non è una competenza tecnica acquisita ma una competenza innata o un tratto caratteriale distintivo. Io sono molto loquace, con la risposta sempre pronta e ho caratteristiche da leader che non mi permettono di accettare facilmente gli ordini di qualcun altro. Uno dei miei soci mi ha confessato più volte che la mia soft skills "risposta pronta" lo rende un pochino invidioso perché quando andiamo dai clienti sono sempre io a rispondere anche alle domande inaspettate dando il tempo a lui, nel caso fosse una domanda tecnica, di riflettere su cosa dire. Purtroppo per lui e' una competenza innata che, come tutto, si può allenare per essere migliorata. Ma vi sarà capitato di dire a qualcuno "sei proprio portato per fare questo" o "sei proprio nato per fare quest'altro" perché vi siete resi conto, magari in modo anche inconsapevole, che quella persona aveva un'attitudine particolarmente sviluppata per quel qualcosa che a voi ha richiesto anni di allenamento. Non mi piace il calcio ma in questo caso è utile per fare un esempio: di Maradona ce n'è uno solo. Si è allenato tantissimo nella sua vita, ma aveva comunque quel qualcosa in più che lo distingueva dagli altri.

Tornando ad una definizione più classica e forse comprensibile delle soft skills, possiamo dire che rappresentano il vostro modo di essere e di comportarvi in determinate situazioni. Estroverso, resiliente, orientato al raggiungimento dell'obbiettivo, empatico, creativo, propenso al pensiero laterale, proattivo, gestione dello stress, capacità decisionale e potrei andare avanti per molto ancora.

In tantissimi lavori, le soft skills sono importanti quanto le hard skills e forse anche di più. Se ti stai candidando come team manager in un qualsiasi settore merceologico, capacità decisionale, proattività e gestione dello stress, diventano molto più importanti di saper utilizzare Word o Excel. Per fare un altro esempio, se ti stai candidando come barista, essere estroverso, paziente ed empatico diventa sicuramente più importante del saper fare i disegni sulla schiuma del cappuccino perché quello avrai sempre il tempo di impararlo.

Certo, una mia parente diceva "ci si abitua anche alle botte" che trasposto per questo esempio significa che ci si può anche abituare a clienti maleducati, quindi ad essere un po' più paziente, e a gestire lo stress se dovete diventare un team manager. Ma è pur sempre vero, che se questo tipo di capacità le possiedi già, ti sarà tutto più semplice e renderai molto meglio sul lavoro. E si noterà, fidati.

Quindi le soft skills sono una fregatura e anche un dono. Dipende da quello che hai deciso di intraprendere come percorso lavorativo. C'è anche da considerare il fatto che non tutti siamo nati per fare tutto. Io, per esempio, ringrazio che esistano persone che abbiamo le soft skills e la propensione all'insegnamento tale da poter fare i maestri d'asilo o delle scuole elementari. O anche i dottori. Non sarei mai in grado di dire a qualcuno che sta per morire nemmeno se fosse il mio peggior nemico. Non ho idea di come facciano alcuni dottori a farlo ogni giorno o comunque molto spesso. O quei santi uomini e donne che si occupano dei reparti di oncologia pediatrica. Pensare di vedere tutti i giorni bambini che soffrono le pene dell'inferno, non ne sarei proprio in grado. Questo per dire che ognuno deve anche saper scegliere il proprio lavoro in funzione delle proprie attitudini e capacità innate.

Tornando al curriculum, date sufficiente spazio alle soft skills. Scegli bene quelle che possono fare colpo e quelle che invece ti si potrebbero ritorcere contro e, soprattutto per quanto riguarda le soft skills, non imbrogliare mai. Verrai scoperto in men che non si dica.

8.IL COLLOQUIO. DALLA STRETTA DI MANO AL TONO DI VOCE. SE ARRIVI DAVANTI AL RESPONSABILE DELLE ASSUNZIONI, IL LAVORO DEVE ESSERE TUO.

Ed eccoci qui. Hai scritto un'ottima lettera di presentazione che mi ha portato a leggere il tuo curriculum di una o due pagine al massimo completo di foto, competenze e attitudini. E ora sei qui che stai per bussare alla mia porta. Ci siamo. E' il momento che stavi aspettando. Non iniziano a sudarti le mani, vero? Hai mangiato una gomma dopo aver fumato un pacchetto di sigarette per l'ansia pre-colloquio in modo da non uccidermi al primo saluto? Hai messo la maglietta o il vestito giusto senza simboli politici in vista o senza troppa pelle in mostra?

Ricominciamo da capo, che forse è meglio.

L'abbigliamento è importante.

Non c'è nulla come una prima buona impressione ad un colloquio. E la prima impressione durante un colloquio, dura dai 3 ai 5 secondi. Non sto scherzando. Non devi per forza presentarti in giacca e cravatta se vuoi fare lo sviluppatore di videogiochi. Una maglietta della Atari e un paio di jeans vanno benissimo (basta che siano decorosi e non strappati e che il risvoltino non arrivi troppo in alto se no immagino che tu abbia l'acqua in casa). Non serve un tailleur di Chanel se ti presenti come barista o cameriera. Va benissimo una bella camicia e una cravatta se ci si candida anche come fattorino ma di una azienda da milioni di euro. Va benissimo anche un abito un po' più elegante (occhio alla scollatura e alle gonne troppo corte) se ti sei candidata come segretaria in ufficio legale. No ai pantaloncini corti nemmeno se ci sono 40 gradi all'ombra ne per uomo ne per donna. No alle canottiere, ne per uomo ne per donna. No ai tacchi troppo alti ne alle scarpe troppo logore. Bisogna adattare il proprio abbigliamento al posto di lavoro per il quale si sta andando ad affrontare il colloquio. E, giuro che mi sento stupido a scriverlo ma "ho visto cose che voi umani..." : presentatevi in ordine. Niente unghie sporche. Niente unghie rosicchiate. Niente capelli unti o barba con pezzi di Pringles conficcati in mezzo. Niente smalto rovinato e, se lo fosse, la sera prima meglio toglierlo del tutto. Niente pupille dilatate. Fino ad ora penserete che io abbia scritto cose ovvie, scontate e che forse abbia scherzato. E invece no! Sono tutte cose viste durante i colloqui! Sembra assurdo, vero?

La bussata e il primo approccio con stretta di mano.
Se dovete bussare, bussate. Non fate finta. Non abbiate paura. Devo sentire che qualcuno ha bussato alla porta. Come sempre, cercate di non esagerare ed evitate di far sembrare la vostra bussata come fossero colpi di fucile. Un bel sorriso. Il migliore che vi riesca in quel momento, guardate negli occhi la persona che vi sta davanti e...stretta di mano! Boom! Una delle parti piu' pericolose del colloquio e che ai professionisti rivela una buona parte del vostro carattere. Mano sudaticcia e stretta di mano moscia? Significa ansioso e insicuro. Non state partendo bene.

Se avete la mano sudata, una rapidissima e invisibile passata sui pantaloni prima di stringerla e tutto comincerà meglio. Un po' di vigore non guasta mai. Una bella stretta "asciutta", forte e sicura (non dolorosa) denota determinazione, sicurezza e tranquillità anche in un momento di stress come un primo colloquio.

La postura.
Eh gia'. Anche come stai seduto fornisce indicazioni sul tuo stato d'animo attuale e su parte del tuo carattere. Niente braccia incrociate. Niente gambe che rimbalzano o tacchi che ticchettano. Niente mani che sbiancano per quanto le stai stringendo l'una con l'altra. Non si gioca con i capelli ne con la barba visto che poi vi saluterete con un'altra stretta di mano. Ti ho detto cosa non va, ora ti dico quale sarebbe la condizione migliore in assoluto. Mani ferme e disgiunte poggiate sulla scrivania per far vedere che non stai ne giocherellando con le dita ne ti stai martoriando stringendo troppo le mani. Se non arrivi alla scrivania per un qualsiasi motivo, metti le mani sul poggia braccia della sedia. Appoggiale. Non avvinghiarti alla sedia! Seduto dritto ma senza che sembri che indossi un bustino. Gambe non incrociate e soprattutto ferme. La cosa più importante di tutte: guarda sempre negli occhi il tuo interlocutore. Se possibile, sorridi spesso. Denota un grado di tranquillità molto elevato che durante un colloquio fa sempre colpo e soprattutto rilassa i muscoli del visto quindi quando smetterai di sorridere sembrerai comunque più calmo e sicuro di te. Attenzione: non trasformarti in una statua di sale per non far tremare le gambe e non sorridere come un ebete perché otterrai l'effetto opposto a quello desiderato. In buona sostanza, se riuscissi ad entrare tranquillo ad un colloquio e ad essere te stesso sarebbe la cosa migliore. Pero' non stravaccarti sulla sedia per favore! Questi sono solo consigli per chi proprio non riesce a stare tranquillo trovandosi a dover raccontare di se stesso o dover rispondere a delle domande.

A domanda, rispondi.
Generalmente ai colloqui, immaginando che il candidato possa essere un po' nervoso, si tende a rompere il ghiaccio con do-

mande di circostanza. Il meteo, con quale mezzo di trasporto hai raggiunto il colloquio e cose del genere. Sfruttale per cercare di rilassarti e rispondi a ruota libera. Dopo di che, zitto. Rispondi alle domande senza voli pindarici ma cerca comunque di essere esaustivo nelle risposte. Nella migliore delle ipotesi ti faranno solo domande "chiuse" che richiedono risposte dirette e quindi più semplici da dare anche in caso di nervosismo. Nella peggiore, ti faranno domande aperte dove dovrai descriverti o parlare un po' di più senza avere una linea guida e in quel caso, spero che tu abbia fatto un minimo di preparazione pre-colloquio a casa nei giorni che lo precedono.

Se hai domande, falle.
Non avere paura di fare domande. Anzi, spesso sono molto apprezzate perché denotano un serio interesse per ciò che si andrà a fare. Di solito chi non fa nemmeno una domanda durante il colloquio, è li per firmare un contratto e prendere uno stipendio a caso senza interessarsi realmente a cosa andrà a fare aspettando le ferie o il giorno di paga come se fosse l'unico scopo della sua vita. Mostra interesse per ciò che ti stanno offrendo. Fai vedere che vuoi davvero capire quali saranno le tue mansioni e come potrai effettivamente aiutare l'azienda a crescere e prosperare anche grazie a te. Se durante il colloquio chiedi quando saranno le prime ferie, sei un idiota.

9. PERIODO DI PROVA. ESAGERA MA CON DIGNITÀ ED ELEGANZA.

Ce l'hai fatta! Sei stato assunto! In prova…

Ed è ora che inizia il vero colloquio. Avrò un intero mese per capire quante bugie hai scritto nel curriculum, se ti sei vestito a caso durante il colloquio, se non riesci a sopportare i tuoi colleghi, se fai 10 pause sigaretta prima del pranzo e molto molto molto altro ancora. Non ti posso consigliare di mentire o di cercare di essere ciò che non sei realmente. Però falla da furbo. E' l'ultimo vero ostacolo verso la firma di un contratto più duraturo. Quindi cerca di impegnarti al massimo soprattutto nel rispettare ciò che hai scritto nel tuo curriculum o che è venuto fuori durante il colloquio.

Se hai scritto che sei espansivo anche se non lo sei, durante la pausa caffe sforzati ogni tanto di fare due chiacchiere con i tuoi colleghi. Se al colloquio non mi hai ascoltato e ti sei messo uno Chanel, non arrivare il primo giorno in jeans e maglietta dei Metallica. Anche i fumatori più accaniti riescono a resistere qualche ora senza fumare quindi impegnati a fare meno pause sigaretta possibili. Ne trarrai anche un sacco di benefici sotto molti aspetti…te lo dice un fumatore.

Arriva puntuale! Sempre! Piuttosto in anticipo ma mai in ritardo. Denota una mancanza di rispetto assoluta nei confronti dei tuoi colleghi puntuali e di chi ti paga lo stipendio. Anche se altri arrivano in ritardo, tu non farlo (a meno che tu non sia il capo o il proprietario…in quel caso deciderai tu cosa è meglio). Se hai l'orario flessibile è tutto un altro discorso ovviamente.

Esagera pure durante il tuo periodo di prova, ma fallo con "eleganza". Mi spiego meglio. Se hai trovato lavoro come segretaria e devi rimettere a posto l'archivio, fermati 10 minuti in più a fine giornata. Non sono troppi da infastidire (perché potrebbe non gradire chi fa straordinari non richiesti) o insospettire (passare da disponile a lecchino, è un attimo) il tuo capo ma sono sufficienti per far capire che a quel lavoro ci tieni davvero e sei disposta a sacrificare 10 minuti in più per finire prima e meglio il lavoro che ti è stato assegnato.
Anche in questo caso non è obbligatorio. E' solo un consiglio. Puoi anche semplicemente limitarti a fare il tuo lavoro e cercare di farlo al meglio. Punto e basta.

10.CONCLUSIONI

Non te l'ho ancora detto, ma cio' che stai leggendo è frutto di un'idea avuta dopo un aperitivo con la mia ex insegnante di inglese delle superiori. Siccome siamo rimasti in buoni rapporti e ogni tanto (troppo raramente) ci vediamo per un aperitivo, è venuta l'idea di spiegare ai ragazzi di quinta superiore ciò che tu hai appena letto in questo libro. Ero poco convinto della partecipazione che avrei avuto in aula e ho tenuto lezioni per sole 15 ore in totale. Ma la partecipazione c'è stata! Ed è stata una bellissima esperienza per me. Per loro, posso solo dire che alla fine sono rimasti sicuramente soddisfatti. Come lo so? Perché per essere certo di aver fatto un buon lavoro e aver passato tutti i concetti che avevo in mente, ho fatto girare per le classi un questionario totalmente anonimo dove chiedevo in modo molto sincero e più divertente possibile (una delle domande era: "il prof. è stato all'altezza della situazione e ti ha fatto capire meglio le dinamiche che ti troverai ad affrontare in futuro o avresti preferito buttarlo fuori dalla classe già dopo la prima ora?") cosa ne pensassero di questa esperienza un po' fuori dagli schemi (durante le lezioni abbiamo anche simulato diverse tipologie di colloquio). Incredibilmente nessuno dei ragazzi avrebbe voluto prendermi a calci o buttarsi fuori dalla porta da solo per la noia. Anzi, ho ricevuto molti consigli utili su come migliorare ancora le lezioni grazie ad uno spazio libero in fondo al questionario dove potevano dare sfogo alle critiche e ai consigli che gli sarebbero venuti in mente per far vivere una migliore esperienza ai loro compagni dell'anno successivo. "Un'arma a doppio taglio", ho pensato. Credevo di trovare anche qualche insulto. Invece, anche se non tutti hanno compilato quello spazio libero, quelli che lo hanno fatto, mi hanno fatto i complimenti ma mi hanno anche rimproverato

perché avrebbero voluto approfondire ancora di più alcuni punti come:
-il colloquio
-l'apertura della partita iva
-il miglior curriculum in funzione del lavoro per il quale ci si sta candidando
Argomenti che andrò ad approfondire in un altro libro ancora più specifico e ricco di esempi e trucchi di questo.

Non abbiamo più avuto modo di ripetere questa esperienza per motivi burocratici. Allora ho deciso di scrivere questo libro al quale ne seguiranno altri ancora più specifici su ognuno degli argomenti trattati qui. Ma già con questo libro mi sento piuttosto soddisfatto e spero con tutto me stesso che lo sia anche tu.

Leggendo questo libro hai fatto un primo passo pratico verso una delle scelte più importanti della tua vita. Se ti è piaciuto, vai su Amazon e lasciami una recensione a 5 stelle. E, se vuoi approfondire o vuoi rimanere in contatto con me, vai sul mio sito web personale Giorgiocaristia.it e inviami una mail o sul mio profilo LinkedIn cercando "Giorgio Zep Caristia". Oppure puoi lasciarmi la tua email e ti manderò delle newsletter per informarti sul mio lavoro e ti aggiornerò sull'uscita del secondo volume non appena sarà disponibile. Ho intenzione di scrivere ancora molto su questi argomenti perché li ritengo davvero fondamentali per le generazioni future e credo sia il mio unico modo per poterle appoggiare e cercare di aiutarle in una delle situazioni più complesse e importanti della loro spensierata giovinezza: l'ingresso nella vita reale.

www.ingramcontent.com/pod-product-compliance
Lightning Source LLC
Chambersburg PA
CBHW051134250726
48655CB00007B/3062